BEI GRIN MACHT SICH IHR WISSEN BEZAHLT

Was bedeutet "Rhythmisierung in Ganztagsschulen"?

Theoretische Aspekte und Bezug auf die Praxis

Jördis Moning

Bibliografische Information der Deutschen Nationalbibliothek:

Die Deutsche Nationalbibliothek verzeichnet diese Publikation in der Deutschen Nationalbibliografie; detaillierte bibliografische Daten sind im Internet über http://dnb.d-nb.de abrufbar.

ISBN: 9783346574923
Dieses Buch ist auch als E-Book erhältlich.

© GRIN Publishing GmbH
Nymphenburger Straße 86
80636 München

Druck und Bindung: Books on Demand GmbH, Norderstedt Germany
Gedruckt auf säurefreiem Papier aus verantwortungsvollen Quellen

Das vorliegende Werk wurde sorgfältig erarbeitet. Dennoch übernehmen Autoren und Verlag für die Richtigkeit von Angaben, Hinweisen, Links und Ratschlägen sowie eventuelle Druckfehler keine Haftung.

Das Buch bei GRIN: https://www.grin.com/document/1165622

Fakultät für Erziehungswissenschaft

Sommersemester 2018

Was bedeutet „Rhythmisierung in Ganztagsschulen"?
- eine Darstellung theoretischer Aspekte mit anschließendem Bezug auf die Praxis

Inhaltsverzeichnis

1 Einleitung

Der Aufbau von Ganztagsschulen ist in den letzten Jahren stark gestiegen, sodass die Auseinandersetzung mit dieser Thematik immer weiter in den Vordergrund gerückt ist (vgl. Kamski 2014, S. 9f.). Im Zuge dessen hat auch die Bedeutung der sogenannten Rhythmisierung zugenommen, sodass dieser Aspekt in dieser Arbeit thematisiert werden soll.

Dabei wird so vorgegangen, dass zunächst grundlegende Begriffe wie Rhythmen und Takt definiert werden, um anschließend den Ausdruck Rhythmisierung zu bestimmen. Anknüpfend daran werden verschiedene Arten dieser erläutert und schließlich ihre Ziele dargestellt. Im Anschluss daran wird die zeitliche Strukturierung in den Blick genommen, indem verschiedene Stundenraster, die Mittagszeit und das außerunterrichtliche Angebot thematisiert werden. Danach werden Alternativen zur 45-Minutenstunde aufgezeigt und die Konsequenzen der Rhythmisierung erläutert. Letzteres erfolgt unter der Fragestellung, ob Ganztagsschulen mit dem Ende der traditionellen Hausaufgaben einhergehen. Zuletzt soll die Spielzeit als außerunterrichtliches Angebot in den Blick genommen werden, was anhand der XX-Schule in B.geschieht. Daraus folgt eine kurze Auflistung verschiedener Spielformen und Vorschläge bestimmter Spiele, die sich an der XX-Schule als beliebt herausgestellt haben. Somit ist das Ziel dieser Arbeit, die Rhythmisierung zunächst zu definieren und anschließend die verschiedenen Bereiche, in die sie hineinspielt, zu beleuchten. Dabei dienen sowohl theoretische Grundlagen als auch praktische Beispiele als Veranschaulichung des komplexen Themas.

2 theoretische Grundlagen

Um sich dem Hausarbeitsthema zu nähern, müssen zunächst grundlegende Begriffe definiert werden. Dies wird dann die Grundlage für die darauffolgenden Kapitel sein. Der nächste Teil soll erläutern, was unter dem Begriff Rhythmisierung zu verstehen ist, was es für Arten gibt und welche Ziele angestrebt werden.

2.1 Rhythmisierung, Rhythmen und Takt

Rhythmisierung bedeutet, dass die Zeitfolge der Tätigkeiten von Lehrerinnen und Lehrern, weiterem Personal und den Schülerinnen und Schülern genauer in den Blick genommen wird. Meistens wird sich dabei auf den Aspekt der Organisation fokussiert, sodass beispielsweise die Stundenplangestaltung, die Gestaltung des Tagesablaufes und der Mittagspause, sowie die personelle Gestaltung in den Vordergrund tritt (vgl. Kamski 2014, S. 15). Der Fokus kann auch auf inhaltlichen und pädagogischen

Aspekten liegen. Dabei geht es beispielsweise um die Schaffung von Phrasen der Ent- und Anspannung während eines Schultages (vgl. Kamski 2014, S. 15f.). Andere Aspekte zielen auf unterrichtliche Aspekte, wie die Gestaltung dessen anhand verschiedener Methoden und individueller Förderung, ab (vgl. Kamski 2014, S. 16). Des Weiteren wird sich mit dem Umgang mit den traditionellen Hausaufgaben und der Beschäftigung mit der Wochenplanarbeit beschäftigt (vgl. Kamski 2014, S.16). Anhand dieser Aufzählung verschiedener Aspekte der Rhythmisierung wird deutlich gezeigt, dass es verschiedene Vorstellungen darüber gibt, welche Aspekte behandelt werden müssen (vgl. Kamski 2014, S. 16).

Der Begriff Rhythmus stammt aus dem griechischen („Rhythmos") und heißt Gleichmaß (vgl. Kamski 2014, S. 16). Damit ist die Wiederkehr bestimmter Vorgänge, gleichmäßig gegliederte Bewegung, periodische Wechsel und das Fließen der Zeit im Bezug auf den Schulkontext gemeint (vgl. Kamski 2014, S. 16). Rhythmen gelten als grundlegend für das Leben und die Lebewesen. Im Bezug auf den Menschen zeigt sich beispielsweise, dass zeitliche Verläufe wie Tag, Monat und Jahr, sowie der Wechsel von Tag und Nacht sich in Leistungsschwankungen abbilden. Es wird also deutlich, dass sich auch der menschliche Körper sich an vorgegebene, rhythmische Ordnungen anpasst (vgl. Kamski 2014, S. 16f.).

Es gibt drei Arten von Rhythmen: der Eigenrhythmus, die größeren Rhythmen und der individuelle Rhythmus. Letzteres zeigt sich für das Individuum im persönlichen Tempo und im Biorhythmus. Die größeren Rhythmen beziehen sich auf Jahreszeiten, Monate und einzelne Tage. Im Bezug auf den Schulkontext ist die Wochen- und Tagesplangestaltung dieser Art zuzuordnen (vgl. Kamski 2014, S. 17).
Der Eigenrhythmus von Kindern und Jugendlichen kann im Gegensatz zu den größeren Rhythmen liegen. Somit sollte ein wichtiges Ziel sein, den Eigenrhythmus der einzelnen Schülerinnen und Schülern, der Lehrkräfte und des weiteren pädagogischen Personals so weit möglich mit den größeren Rhythmen zu vereinen (vgl. Kamski 2014, S. 17). Daraus folgt, dass der Eigenrhythmus von Kindern und Jugendlichen „auf organisationaler Ebene altersbedingt" (Kamski 2014, S. 17) berücksichtigt werden muss. Beispielsweise haben Grundschulkinder andere Bedürfnisse als pubertierende Jugendliche. Die jüngeren Kinder haben einen größeren Bewegungsdrang, aber auch ein höheres Schlafbedürfnis. Somit scheint es für Grundschulkinder dringlicher zu sein, Zeitfenster für Bewegung und aktive Spiele

herzustellen (vgl. Kamski 2014, S. 17). Der Eigenrhythmus spielt im Bezug auf die individuelle Förderung der Schülerinnen und Schüler ebenso eine große Rolle. Beispielsweise nutzen sie Lernhilfen unterschiedlich und entwickeln individuelle Lernstrategien, die sich somit von denen der Mitschüler unterscheiden. Des Weiteren zeigen die Schulkinder verschiedene Strategien, um Kontakt zu ihren Mitschülern, beispielsweise während einer Partner- oder Gruppenarbeitsphase, aufzubauen (vgl. Kamski 2014, S. 17).

Nach Röthig (1990) liegt die Bedeutung des Rhythmus für die Erziehung in der Aufteilung und Gliederung der Schulzeit, der Wiederholung bestimmter Abläufe und Rituale, der Betonung und Akzentuierung besonderer Aktivitäten und Ereignisse und der Stetigkeit der zeitorganisierten Merkmale (vgl. Röthig 1990, S. 53). Dabei wird der Rhythmus als ein Ablauf verstanden, bei dem die verschiedenen Bestandteile geordnet und aufeinander bezogen werden. Für Kinder und Jugendliche ist es von immenser Bedeutung, verlässliche Strukturen durch eine zeitliche Abfolge von Aktivitäten zu haben. Beispielsweise sind dies Unterrichtsblöcke, die Pausen zwischen diesen, Mittagsfreizeit und Arbeitsgemeinschaften, die ihnen als Orientierung dienen (vgl. Bünner, Röthig 1990, S.53). Sie brauchen dennoch auch Flexibilität in ihrem Tagesablauf, die als Abwechslung zu den Konzentrationsphasen dienen. Das Ziel ist es letztlich, die Konzentrationsfähigkeit der Schülerinnen und Schüler zu fördern, um bessere Leistungen erzielen zu können (vgl. Bünner, Röthig 1990, S.53).

Oft wird der Rhythmus im Sinne der Stetigkeit als Takt bezeichnet, sodass als Nächstes die Unterscheidung dieser beiden Begriffe herausgestellt werden soll. Ein Takt lässt sich als gleichbleibend charakterisieren, sodass dies im Schulkontext bedeutet, dass eine Beständigkeit in der zeitorganisatorischen Ordnung vorherrscht. Gemeint ist damit die Abfolge und Dauer von Unterrichtsstunden und -blöcken, Pausen, Mahlzeiten und den Öffnungszeiten. Letztlich bleibt also festzuhalten, dass sich der Takt auf organisatorische Aspekte, wie die zeitliche Abfolge von Unterrichtsphasen und Pausen, fokussiert (vgl. Kamski 2014, S. 18).

2.2 Äußere, innere und individuelle Rhythmisierung

Die äußere Rhythmisierung auf der Schulebene bezieht sich auf grundlegende pädagogische Entscheidungen wie die Einteilung des Tages in unterrichtliche und außerunterrichtliche Blöcke und Pausen, die Dauer der Blöcke beziehungsweise das

Minutenmodell, die Setzung von Entspannungsphasen und die Entscheidung für außerunterrichtliche Angebote. Somit lässt sich festhalten, dass dabei die Entscheidungen im Vordergrund stehen, die über den Unterricht hinausgehen (vgl. Kamski 2014, S. 20).

Die innere Rhythmisierung, auch Binnenrhythmisierung genannt, beinhaltet den Wechsel der Lehr- und Lernformen, wie beispielsweise Stationenlernen oder Wochenplanunterricht. Außerdem steht die Festlegung bestimmter Abschnitte innerhalb eines Unterrichtsblockes im Vordergrund. Das bedeutet, dass gelenkte Unterrichtsphasen, freie Arbeitsphasen und An- beziehungsweise Entspannungsphasen festgelegt werden. Dementsprechend findet diese Form der Rhythmisierung sowohl im Unterricht als auch außerhalb dessen statt. Folglich ist herauszustellen, dass in den verschiedenen Bereichen einer Schule, sowohl im Unterricht als auch während der außerunterrichtlichen Angebote, rhythmisiert wird. Die innere Rhythmisierung bedeckt beide Aspekte, da sowohl die organisatorische, als auch die pädagogische Ebene mit hineinspielt (vgl. Kamski 2014, S. 21).

Die individuelle Rhythmisierung zielt, wie der Name schon sagt, auf den individuellen Rhythmus des jeweiligen Schülers beziehungsweise der jeweiligen Schülerin ab. Daraus folgt die individuelle Steuerung der Lernprozesse durch das Kind selbst. Darunter fällt beispielsweise der Aspekt, wie Kinder und Jugendliche den Kontakt zu ihren Mitschülern aufbauen und festigen. Im Bezug auf den Unterricht bedeutet dies, dass die Schülerinnen und Schüler verschiedene Lernhilfen wahrnehmen und ihre eigenen Lernstrategien entwickeln. Unter den Aspekt der individuellen Rhythmisierung fällt aber auch die Gestaltung von Entspannungsphasen, die sowohl bewusst als auch unbewusst stattfinden (vgl. Kamski 2014, S. 21f.). Diese Form der Rhythmisierung stellt für die Lehrkräfte die größte Herausforderung dar, da sie möglichst auf jeden einzelnen Schüler beziehungsweise jede einzelne Schülerin eingehen und dabei die individuellen Bedürfnisse berücksichtigen müssen. An dieser Stelle sollte jedoch hervorgehoben werden, dass dieser Aspekt schon seit vielen Jahren erfolgreich in Grund- und Förderschulen ausgeübt wird, was den vorhandenen und erworbenen Diagnosefähigkeiten der Lehrkräfte zu verdanken ist (vgl. Kamski 2014, S. 21f.).

2.3 Ziele der Rhythmisierung in Ganztagsschulen

Dieser Teil gilt als Fazit aus den zuvor genannten theoretischen Aspekten der Rhythmisierung, um das Nutzen dieser herauszustellen. Eine der großen Chancen von Ganztagsschulen ist, mit mehr Zeit den Schultag und das Lernen zu rhythmisieren. Um nachhaltige Lernprozesse zu erzielen, gibt es unterschiedliche Formen, wie beispielsweise die Stillarbeit, das Arbeiten unter höchster Anspannung oder auch die Gruppenarbeit. Dabei gilt es, Phasen einzubauen, die die Schülerinnen und Schüler entlasten, um ihre Konzentrationsfähigkeit über den Tag zu erhalten. Dies geschieht anhand der Entspannungsphasen, die individuell wahrgenommen werden können. An dieser Stelle wird das Ziel des Zusammenseins und des Lernens mit anderen angedeutet. Dieser soziale Aspekt beinhaltet, dass die Schülerinnen und Schüler sowohl miteinander lernen, wie beispielsweise in Gruppenarbeiten, aber auch gemeinsam abschalten können. Letzteres geschieht etwa durch gemeinsame Aktivitäten innerhalb der außerunterrichtlichen Angebote (vgl. URL: http://www.ganztaegig-lernen.de/rhythmisierung).

3 Entwicklung einer zeitlichen Strukturierung des Schultages

Wird eine Schule zu einer Ganztagsschule umstrukturiert, ergeben sich einige Fragen im Bezug auf die Organisation (vgl. Kamski 2014, S. 72). Dieses Kriterium soll in diesem Teil thematisiert werden, indem die zeitliche Strukturierung in den Blick genommen wird. Die Stundenraster nach Appel sollen kurz verdeutlichen, inwiefern es verschiedene Taktungen eines Schultages in einer Ganztagsschule geben kann. Danach soll aufgezeigt werden, wie die Mittagspause und das außerunterrichtliche Angebot strukturiert sein können.

3.1. Stundenraster nach Appel

Appel unterscheidet zwischen vier Stundenrastern, jeweils im 45-Minutentakt, die noch variiert werden können, je nachdem ob der Freitag ein Ganztag ist oder nicht. Das Erste ist das 10-Stundenraster mit sechs Schulstunden am Vormittag, einer 15- bis 30-minütigen Mittagspause und vier Schulstunden am Nachmittag. Als Zweites gibt es das 9-Stundenraster mit fünf Schulstunden am Morgen, einer 30- bis 50-minütigen Mittagspause und vier Schulstunden am Nachmittag. Das Dritte ist das 8-Stundenraster mit sechs Unterrichtsstunden am Vormittag, einer 45- bis 70-minütigen Mittagspause und zwei Schulstunden am Nachmittag. Bei diesen drei Stundenrastern beginnt der Schultag um 8.00 Uhr und endet um 16.30 Uhr. Ein viertes Stundenraster zeigt einen Schultag, der um 8.00 Uhr beginnt und um 15.30 Uhr endet. Diese Art vom

8-Stundenraster zeigt, dass sechs Schulstunden am Vormittag und zwei am Nachmittag stattfinden. Dazwischen gibt es eine 45- bis 70-minütige Pause (vgl. Appel 2004, S. 148ff.). Appel betont, dass durch diese verschiedenen Stundenraster der Wochenstundenplan erfüllt werden kann. Wie lang ein Schultag für die Schülerinnen und Schüler ist, hängt jedoch von der verpflichtenden Grundstundenzahl der jeweiligen Schulform und Jahrgangsstufe, sowie von bildungspolitischen Vorgaben zur Art des Ganztagsmodells ab (vgl. Appel 2004, S. 148ff.).

3.2 Mittagsmahlzeit und -freizeit

Das Mittagessen in einer Ganztagsschule ist oft so organisiert, dass pro Klasse 15 bis 20 Minuten für die Einnahme der Speisen eingeplant sind. Die darüber hinaus verbleibende Zeit der Mittagspause, die Mittagsfreizeit, soll den Kindern und Jugendlichen als Entspannung und Ablenkung zwischen den Unterrichtseinheiten dienen. Das Bundesland Nordrhein-Westfalen hat beschlossen, dass alle Schülerinnen und Schüler, die am Nachmittag am Unterricht oder an außerunterrichtlichen Angeboten teilnehmen, eine 60-minütige Mittagspause haben sollen (vgl. Kamski 2014, S. 74). Grund für eine dementsprechend lange Pause ist, dass die Schülerinnen und Schüler ohnehin sehr viel Zeit in der Schule verbringen, sodass sie in ihrer Pause sowohl essen sollen, aber auch Phasen für individuelle Beschäftigung bestehen sollen (vgl. Kamski 2014, S. 74).

3.3 Außerunterrichtliches Angebot

Die charakteristischen außerunterrichtlichen Angebote an Ganztagsschulen orientieren sich an bildungspolitischen und pädagogischen Forderungen, aber auch an den jeweiligen Interessen und den Freizeitbedürfnissen der Schülerinnen und Schüler (vgl. Kamski 2014, S. 75). Die verschiedenen Bedürfnisse sollen an dieser Stelle kurz definiert werden, um einen groben Überblick zu schaffen. Es gibt die sogenannten Reaktionsbedürfnisse, wie Erholung und Entspannung, die das Wohlbefinden fördern sollen. Die Kompensationsbedürfnisse zielen auf den Ausgleich von An- und Entspannung ab und beinhalten somit Ablenkung und Vergnügen. Die Edukationsbedürfnisse sind das Kennenlernen, Weiterlernen und das Umlernen, wobei diese mit den Kontemplationsbedürfnissen verwurzelt sind. Dies sind beispielsweise Selbstbesinnung, -erfahrung und -findung. Kommunikationsbedürfnisse wie Mitteilung, Sozialkontakte und Geselligkeit stehen im engen Zusammenhang mit den Integrationsbedürfnissen. Das sind beispielsweise der Gruppenbezug, die Sozialorientierung und die gemeinsamen Lernerfahrungen. Partizipationsbedürfnisse

8

sind die Beteiligung, Mitbestimmung und das Engagement, welches sich sowohl im Unterricht als auch außerhalb dessen zeigen kann. Letztlich gibt es das Bedürfnis nach Enkulturation, welches auf die kreative Erlebnisfaltung, die kulturelle Aktivität und Produktivität abspielt (vgl. Kamski 2014, S. 149).

4 Alternativen für die 45-Minutenstunde

Es gibt verschiedene Taktungsmodelle, wie beispielsweise das 40-, 60-, 65-,67,5,70-,80-,90- und 95-Minutenmodell (vgl. Kamski 2014, S. 82), wobei an dieser Stelle auf eine allumfassende Darstellung dieser verschiedenen Modelle verzichtet wird. Um jedoch einen Überblick darüber zu schaffen, was unter den Alternativen zu der 45-Minutenstunde verstanden wird, werden drei der oben genannten Modelle erläutert.

4.1 Die 90-Minutenstunde

Die Einführung der 90-Minutenstunde bietet den Schulen die Möglichkeit, den Unterricht in einem erweiterten zusammenhängenden Zeitrahmen zu gestalten, selbstständig in Gruppen zu arbeiten und projektorientierte Unterrichtseinheiten anzubieten. Außerdem gibt es mehr Zeit für die Auswertung von Unterrichtsergebnissen und die individuelle Beschäftigung mit einzelnen Schülerinnen und Schülern. Folglich können Übungsphasen in den Unterricht eingebaut und die Pausen passend zum Unterrichtsgeschehen abgestimmt werden. Im Bezug auf die Lehrkräfte bleibt festzuhalten, dass keine Umrechnungsleistung hinsichtlich der zu absolvierenden Arbeitszeit anfällt. Grund dafür ist, dass die 90-Minutenstunde lediglich die Verdopplung der zuvor verbreiteten 45-Minutenstunde ist und somit keine komplizierten Umrechnungen durchgeführt werden müssen (vgl. Kamski 2014, S. 83ff.).

4.2 Die 80-Minutenstunde

Bei der 80-Minutenstunde muss ebenfalls keine Umrechnung erfolgen, da es sich im Prinzip um einen 90-Minutentakt handelt, in dessen Rahmen Zeiteinheiten für besondere Unterrichtsvorhaben gewonnen werden. Dieses Modell ist ein Beispiel dafür, wie Schulen Zeitfenster schaffen, um sie entsprechend ihren pädagogischen Zielen einsetzen zu können. Durch zeitliche Umstrukturierungen werden Unterrichtsstunden gewonnen, die flexibel eingesetzt werden können. Meistens erfolgt dies im Rahmen von Stunden für beispielsweise Wochenplanarbeit, Differenzierungen und selbstbestimmtem Lernen. Pro 45-minütiger Schulstunde werden fünf Minuten eingespart, sodass ein Block 80 Minuten lang ist. Ein Beispiel soll dieses Modell veranschaulichen. Anhand eines Zeitrasters einer Jahrgangsstufe 7 bedeutet es, dass bei 32 Wochenstunden im 45-Minutentakt 16 Blöcke im 90-Minutentakt organisiert sind. Gibt also jedes Fach fünf bzw. jeder Block zehn Minuten ab, werden dadurch neue Blöcke gewonnen. Diese wiederum können entsprechend der pädagogischen Ziele der jeweiligen Schule genutzt werden (vgl. Kamski 2014, S. 87f.).

4.3 Die 60-Minutenstunde

Beim dritten Modell, der 60-Minutenstunde, ist eine Umrechnung erforderlich, da die Abrechnungseinheit für die Arbeitszeit der Lehrkräfte nicht mit der neuen Stundengestaltung im Rahmen eines 60-Minutenmodus gleichkommt. Schulen entscheiden sich für dieses Modell, da ihnen Unterrichtseinheiten von 80 oder 90 Minuten als zu lang für die Schülerinnen und Schüler erscheinen. Den 45-Minutentakt hingegen nehmen sie als zeitlich einschränkend wahr. Dabei sollte jedoch nicht vergessen werden, dass die zuvor angesprochene Umrechnung eine Herausforderung für den Stundenplaner darstellt (vgl. Kamski 2014, S. 89f.).

5 Konsequenzen für die Praxis – Das Ende der „traditionellen" Hausaufgaben?

Auf Grundlage des vorangegangenen Textteils soll nun thematisiert werden, welche Auswirkungen diese veränderten Zeitstrukturmodelle haben können. An dieser Stelle wird sich darauf konzentriert, inwiefern die Hausaufgaben als sinnhafte pädagogische Chance gesehen werden können. Andere Aspekte, für die der Umfang dieser Arbeit nicht ausreichen würde, sind die Nutzung von Übungszeiten und Förderkonzepten beziehungsweise -formaten für selbstbestimmtes Lernen (vgl. Kamski 2014, S. 99).

5.1 Hausaufgaben als Bestandteil von Schule

Hausaufgaben nehmen eine „herausgehobene Stellung ein, da mit diesen hohe Erwartungen an die fachliche Lern- und Leistungsförderung verbunden sind" (Kamski 2014, S. 103). Mit Hausaufgaben in der Halbtagsschule und nunmehr Übungsaufgaben in der Ganztagsschule werden auf die Leistungsfunktion bezogene Absichten verbunden. Dabei geht es hauptsächlich um Lern-, Übungs- und Vertiefungsmöglichkeiten. Sie werden außerdem mit Erziehungszielen kombiniert, die sich auf die Entwicklung von Selbstständigkeit und -verantwortung bei der Bearbeitung von Aufgaben beziehen. Das Entwickeln von Lernstrategien und Arbeitstechniken ist ebenfalls ein solcher Aspekt (vgl. Kamski 2014, S. 103f.). Mit der Vergabe von Hausaufgaben wird also auf didaktisch methodische und erzieherische Funktionen verwiesen, die gestärkt werden sollen. Hausaufgaben sollen im engen

Zusammenhang mit den Unterrichtsinhalten stehen, wobei diese außerhalb des Unterrichts erledigt werden sollen (vgl. Kamski 2014, S. 104f.).

5.2 Hausaufgaben in der Ganztagsschule

In den Ganztagsschulen, in denen Hausaufgaben aufgegeben werden, sollen diese nunmehr im Rahmen des ganztägigen Aufenthaltes erledigt werden. Grund dafür ist, dass die Schülerinnen und Schüler ohnehin schon mindestens drei Tage in der Woche mindestens sieben Zeitstunden in der Schule verbringen. Dazu kommen die Schulwege, sodass es nicht ungewöhnlich ist, dass die Kinder und Jugendlichen etwa 35 bis 40 Stunden die Woche in und auf dem Weg von und zur Schule verbringen. Würde die Bearbeitung der Hausaufgaben noch hinzukommen, hätten die Schulkinder teilweise längere Arbeitszeiten pro Woche als Erwachsene (vgl. Kamski 2014, S. 110). Es wurde herausgefunden, dass 95,4% der Halbtagsschülerinnen und -schüler ihre Hausaufgaben am Nachmittag erledigen. 6,8% arbeiten ihre Aufgaben am Abend durch. 0,3% stellen ihre Hausaufgaben erst am Morgen des Schultages fertig. Ganztagsschülerinnen und -schüler erledigen auch zum größten Teil (95,3%) ihre Haus- beziehungsweise Schulaufgaben am Nachmittag. 10,5% arbeiten noch am Abend an ihren Aufgaben, wobei diese von 1,4% der Schülerinnen und Schüler erst am Morgen fertig gestellt werden (vgl. Kamski 2014, S. 110). Letztlich kann aus der Darstellung dieser Ergebnisse das Fazit gezogen werden, dass die Hausaufgabenthematik in Ganztagsschulen derzeit noch nicht ausreichend ausgearbeitet wurde und die pädagogischen Chancen, die das Ganztagsschulkonzept bietet, noch nicht hinreichend genutzt werden (vgl. Kamski 2014, S. 110). Letztlich soll die Frage beantwortet werden, ob das Ende der Hausaufgaben eine Konsequenz der Ganztagsschulen darstellt. Wie zuvor dargestellt, sollen die Hausaufgaben nicht mehr außerhalb der Schule bearbeitet werden, da die Schülerinnen und Schüler dann neben den langen Schultagen auch ihre Freizeit mit Schularbeiten verbringen müssen. Dementsprechend werden die Aufgaben innerhalb des Schultages erledigt, sodass die eigenständig zu bearbeitenden Aufgaben nicht abgeschafft, jedoch in den Schultag integriert werden (vgl. Kamski 2014, S. 110).

6 Spielzeit

Im letzten Kapitel soll die Spielzeit als außerunterrichtliches Angebot thematisiert werden. Dabei wird zunächst eine theoretische Grundlage geboten, die die Bedeutung des Spiels verdeutlicht, um im Anschluss daran praktische Ergebnisse darzustellen.

6.1 Bedeutung des Spiels nach Schäfer

Schäfer beschäftigt sich mit der Elementarpädagogik, was als „Pädagogik der frühen Kindheit und des Vorschulalters" (Stark Verlag 2016, S. 26) definiert werden kann. Er zielt darauf ab, Kinder in ihrer Selbstbildung zu unterstützen und lehnt Frühförderungskonzepte, die ausschließlich die Vermittlung bestimmter Kompetenzen als Ziel haben, ab. Er ist der Meinung, dass man Kindern nichts „eintrichtern" (Stark Verlag 2016, S. 26) kann, da sie aktive, lernbegierige Wesen sind, die ihren Bildungsprozess selbst vorantreiben. Dies geschieht anhand der Auseinandersetzung des Kindes mit der sozialen und dinglichen Umwelt (vgl. Stark Verlag 2016, S. 26).

Das Spielen dient der Erkundung der Welt, dem Vertrautmachen mit sich selbst und seiner Umgebung. Dabei ermöglicht es dem Kind, sich in Beziehung zu seiner Welt zu setzen und seine Erfahrungen zu verarbeiten. Somit kann das Spielen als wichtigstes Lernfeld der frühen Kindheit charakterisiert werden (vgl. Stark Verlag 2016, S. 28). Funktionen des Spiels sind Erholung, Freude, Spaß und Informationsgewinn. Außerdem geht es um den spielerischen Erwerb und die Übung von beispielsweise motorischen, kognitiven, sozialen oder emotionalen Fähigkeiten und Fertigkeiten. Beim Spiel können die Kinder außerdem ihre Erlebnisse und Gefühle verarbeiten und die eigene Fantasie ausleben beziehungsweise anregen (vgl. Stark Verlag 2016, S. 28). Spiele sind frei von äußeren Zwecken und finden in einer ungezwungenen Atmosphäre statt. Es handelt sich um einen eigenständigen Verhaltensbereich mit eigenen Regeln, wobei eine zeitliche Struktur aufzufinden ist, die beispielsweise einen zeitlichen Anfang und ein zeitliches Ende aufweist (vgl. Stark Verlag 2016, S. 29).

Zuletzt soll die Frage geklärt werden, inwiefern das Spiel einen Beitrag zum Erwerb von Bildung beiträgt. Zunächst beruht das Spiel auf Freiwilligkeit und Eigenständigkeit des Kindes. Es ist für Kinder immer mit einem Sinn verbunden und fördert nicht nur den Erwerb einzelner Kompetenzen, sondern ermöglicht komplexe Erfahrungen. Das Spielen erlaubt dem Kind außerdem, sich ausprobierend mit seiner

Umwelt auseinanderzusetzen und seine Entwicklung darüber voranzutreiben. Das Spiel ermöglicht letztlich auch die Interaktion zwischen Gleichaltrigen und Erwachsenen, wobei verschiedene Wahrnehmungs- und Handlungsmuster erkennbar werden. Somit trägt das Spiel insofern zur Bildung des Kindes bei, als dass es sich und seine Mitspieler kennenlernt. Dabei werden wichtige Kompetenzen gefördert, was grundsätzlich aufgrund der Auseinandersetzung mit der Umwelt geschieht (vgl. Stark Verlag 2016, S. 29).

6.2 Die Spieliothek in der Ganztagsschule am Beispiel der XX-Schule in B.

Die XX-Schule in B.ist eine Ganztagsschule, die seit 1979 eine sogenannte Spieliothek hat. Das bedeutet, dass die Schülerinnen und Schüler während ihrer 90-minütigen Mittagspause nicht nur das Essen zu sich nehmen, sondern auch an verschiedenen Freizeitangeboten teilnehmen (vgl. Hanneforth 2013, S. 8). Eines der Angebote ist die sogenannte Spieliothek, wobei dieser Name bewusst gewählt worden ist. Zum Einen weiß jeder, der diesen Begriff hört, ungefähr was man sich darunter vorstellen kann. Zum Anderen jedoch wurde Wert darauf gelegt, nicht den Begriff Spielothek zu verwenden, da Verwechslungen mit den „Geldspielhöllen" (Hanneforth 2013, S. 8) vermieden werden sollen (vgl. Hanneforth 2013, S. 8).

Die Spielesammlung der Schule ist im Freizeitbereich untergebracht, in dem sich etwa 60 verschiedene Spiele befinden. Zutritt zu diesem Bereich haben die betreuenden Schülerinnen und Schüler. Zwei dieser suchen die gewünschten Spiele heraus, notieren die Namen der Ausleihenden und geben Hinweise zu den Spielregeln. Die Ausleihzeit beträgt 45 Minuten und die betreuenden Schülerinnen und Schüler prüfen bei Abgabe der Spiele, ob diese wieder vollständig zurückgegeben wurden. Somit ist der sorgfältige Umgang mit den Spielen sichergestellt, wobei an dieser Stelle angemerkt werden sollte, dass es ein seltener Fall ist, dass Spiele unvollständig zurückgegeben werden (vgl. Hanneforth 2013, S. 8). Außerdem wird die Spielzeit von einer Lehrkraft geleitet, die die Schülerinnen und Schüler bei der Auswahl der Spiele ebenfalls berät und ihnen bei Regelschwierigkeiten hilft. Sie spielt auch mit den Kindern und Jugendlichen, gibt ihnen Anregungen, die die Kreativität und Produktivität fördern sollen. Das bedeutet, dass die Spieler selbst neue Spielregeln entwickeln oder ganz neue Spiele erfinden sollen (vgl. Hanneforth 2013, S. 8f.).

Das Angebot der Spielausleihe wird in großem Umfang genutzt, was sich auch daran zeigt, dass die Schülerinnen und Schüler oft schon während des Mittagessens nach der Öffnung der Spieliothek fragen (vgl. Hanneforth 2013, S. 8). Die Ausleihhäufigkeit hängt jedoch unter anderem vom Stundenplan der Kinder und Jugendlichen, vom Wetter und der Attraktivität weiterer Freizeitangebote ab. Daraus ist zu folgern, dass im Winterhalbjahr mehr Spiele ausgeliehen werden als im Sommerhalbjahr, da die Schülerinnen und Schüler sich bei gutem Wetter häufig draußen sportlich beschäftigen (vgl. Hanneforth 2013, S. 9).

Zuletzt soll die Frage geklärt werden, welche Jahrgänge am aktivsten die Spieliothek nutzen. Etwa zwei Fünftel aller Ausleiherinnen und Ausleiher sind im 5. Schuljahr, ein Fünftel im 6. Schuljahr. Ein Sechstel der Ausleiher gehen in die 7. Klasse. Das 8. Schuljahr zeigt elf Prozent, das 9. Schuljahr sechs Prozent der Ausleiher und das 10. Schuljahr nur vier Prozent. Im Vergleich mit den ersten beiden Jahren der Spielausleihe fällt auf, dass die Anteile fast unverändert geblieben sind (vgl. Hanneforth 2013, S. 10).

Es bleibt also festzuhalten, dass die Spieliothek eine Möglichkeit bietet, die Fähigkeit zum Spielen zu unterstützen. Sie schafft Gelegenheiten der Kontaktaufnahme und Kommunikation. Dazu trägt auch die Beratung durch die zuständigen Schülerinnen und Schüler bei, aber auch die Präsenz der Lehrkräfte (vgl. Hanneforth 2013, S. 10). Der folgende Teil soll zuletzt eine Auswahl der Spiele aufzeigen, die von der XX-Schule empfohlen werden, um somit einen groben Überblick über häufig verwendete Spiele zu schaffen.

6.3 Einzelspiele vs. Gruppenspiele

Mit den Spielen für eine Person können sich einzelne Schülerinnen und Schüler an das Angebot der Spieliothek gewöhnen, ohne gleich gefordert zu werden. Dabei legen sie mit der Zeit ihre Befangenheit ab und fügen sich folglich leichter in Gruppen ein. Einzelspiele sind außerdem besonders gut für Kinder geeignet, die in der Mittagspause gerne komplett abschalten oder ein komplexes Problem lösen möchten. Die XX-Schule nennt als Beispiele für diese Form der Beschäftigung die Spiele *Labyrinth, Tricky Golf* und *Rush-Hour*. Außerdem werden oft Materialien für Sportspiele oder zum Jonglieren auf dem Schulhof ausgeliehen (vgl. Hanneforth 2013, S. 11).

Gruppenspiele sind, wie der Name schon sagt, für Gruppen ab zwei Personen gedacht. Ziel ist es dabei, die Kommunikation zwischen den Spielern zu verbessern, sodass sich häufig feste Gruppen daraus bilden. Es handelt sich hierbei oft um Würfelspiele, die den Spaß im Spiel betonen. Beispielsweise sind dies der *zerstreute Pharao, Maulwurf-Company* und *Sagaland*. Zu dieser Gruppe gehören aber auch Quizspiele, wie beispielsweise *Wer wird Millionär?* und Kartenspiele wie *Schnapp, Land, Fluss!* (vgl. Hanneforth 2013, S. 12).

6.4 Aktionsspiele, Denkspiele, Kommunikationsspiele

Eine ähnliche Funktion wie die zuvor genannten Einzelspiele haben auch die Aktionsspiele. Dazu zählen alle Spiele, in denen sich etwas bewegt und Aufmerksamkeit erreicht wird. Die Spiele regen das Spielinteresse an, sodass sehr viele Spieler mitmachen möchten. Folglich setzen sich immer wieder verschiedene Gruppen zusammen, die zuvor nicht miteinander gespielt haben. Als Beispiele gelten *Halli Galli, Tetris* oder *Hangman* (vgl. Hanneforth 2013, S. 12).

In die Gruppe der Denkspiele lassen sich alle Spiele einordnen, die Schach ähneln, sich aber durch neue Ideen und einfache Spielregeln davon unterscheiden. Der Reiz dieser Spiele liegt besonders in der Neuartigkeit der Regeln. Denkspiele dienen zur Unterhaltung und betonen das Konkurrenzdenken eher nicht. Beispiele dafür sind *Abalone, Blokus, Slotter* und *Vier gewinnt* (vgl. Hanneforth 2013, S.12).

Bei den Kommunikationsspielen steht das gegenseitige Kennenlernen der Spielerinnen und Spieler im Vordergrund. Außerdem dienen sie der Selbsterfahrung der Einzelnen. Daraus lässt sich schließen, dass das Gewinnen bei Kommunikationsspielen nicht wichtig ist. Ein Beispiel aus dieser Gruppe ist das Spiel *Tabu* (vgl. Hanneforth 2013, S.13).

7 Fazit

Auf Grundlage der vorangegangenen Auseinandersetzung mit dem Thema Rhythmisierung soll an dieser Stelle eine Zusammenfassung der Aspekte stattfinden. Der Begriff Rhythmisierung bedeutet, dass die Zeitfolge der Tätigkeiten von Lehrkräften, Schülerinnen und Schülern und weiterem Personal genauer in den Blick genommen wird. Oft wird sich auf den Aspekt der Organisation konzentriert, was beispielsweise die Stundenplangestaltung, die Gestaltung des Tagesablaufes und der Mittagspause beinhaltet. Liegt der Fokus auf inhaltlichen und pädagogischen

Aspekten, sind dies beispielsweise die Schaffung von Phrasen der Ent- und Anspannung während des Schultages. Unterrichtliche Aspekte sind die Gestaltung dessen anhand verschiedener Methoden und individueller Förderung. Aufgrund dieser Aufzählung wird deutlich, dass es verschieden Vorstellungen darüber gibt, welche Aspekte behandelt werden müssen.

Ein Ziel von Ganztagsschulen ist, mit mehr Zeit den Schultag und das Lernen zu rhythmisieren. Es gibt im Unterricht verschiedene Formen, wie die Kinder und Jugendlichen Inhalte lernen sollen. Dabei ist es wichtig, Phasen einzubauen, die die Schülerinnen und Schüler innerhalb des Schultages entlasten, um die Konzentrationsfähigkeit über den Tag zu erhalten. Dementsprechend ist es von immenser Bedeutung, eine zeitliche Strukturierung des Schultages zu entwickeln, wobei auch an dieser Stelle verschiedene Möglichkeiten geboten werden. Dies zeigt sich beispielsweise in der Darstellung verschiedener Stundenraster (vgl. S. 7) und den Alternativen zur 45-Minutenstunde (vgl. S. 9). Es wird deutlich, dass sich Ganztagsschulen in diesen Bereichen unterscheiden können, da die Organisatoren beispielsweise in den verschiedenen Stundenmodellen auch verschiedene Vor- und Nachteile sehen und sich deshalb von Schule zu Schule unterscheiden. Das grundsätzliche Ziel und der Aufbau von Ganztagsschulen und der Rhythmisierung bleibt dennoch im Kern bestehen. Ein weiterer Aspekt, der mit dem Ausbau von Ganztagsschulen einhergeht, ist die Auflösung der traditionellen Hausaufgaben. Grund dafür ist, dass die Schülerinnen und Schüler ohnehin schon sehr viel Zeit in der Schule verbringen und somit die Aufgaben, die sie erledigen sollen, auch in diesen Schultag eingebettet werden sollen. Der letzte Aspekt dieser Arbeit ist die Spielzeit als außerunterrichtliches Angebot mit der Darstellung der Bedeutung des Spiels nach Schäfer und der praktischen Ausübung der Spielzeit am Beispiel der XX-Schule in B. Dabei ist deutlich geworden, dass das Spielen als Erkundung der Welt, dem Vertrautmachen mit sich selbst und seiner Umgebung fungiert. Dementsprechend lernen Kinder und Jugendliche anhand verschiedener Spiele ihre Fähigkeiten zu verbessern und sich im Bezug mit Mitspielern anzupassen. Das Beispiel der Spieliothek in der XX-Schule verdeutlicht diese Aspekte. Die Schülerinnen und Schüler nutzen das Angebot und bringen sich auch in die Organisation des Angebotes ein.

Letztlich bleibt also festzuhalten, dass der Aspekt der Rhythmisierung in Ganztagsschulen ein sehr umfangreicher ist und viele Aspekte beinhaltet, die wiederum an verschiedenen Schulen unterschiedlich umgesetzt werden. Das Konzept ist im Kern immer das Gleiche, wobei die Vielfalt dessen genutzt wird. Es besteht weiterhin Bedarf im Ausbau der Hausaufgabenthematik, da viele Schülerinnen und Schüler ihre Aufgaben außerhalb der Schule fertigstellen. Dies soll nicht mehr der Fall sein, da die Kinder und Jugendlichen dann zu viel Zeit mit der Schule und den damit verbundenen Aufgaben verbringen.

8 Literaturverzeichnis

Appel, Stefan.: Handbuch Ganztagsschule. Konzeption, Einrichtung und Organisation. 3. überarbeitete Auflage. Schwalbach/Ts: WOCHENSCHAU Verlag, 2003.

Bünner, Getrud, Röthig, Peter: Grundlagen und Methoden rhythmischer Erziehung. Klett Ernst Verlag GmbH, 1990.

Hanneforth, Dirk: Die Spiliothek in der Ganztagsschule. Schwalbach/Ts: Debus Pädagogik Verlag, 2013.

Kamski, Ilse: Rhythmisierung in Ganztagsschulen. Erprobte Praxis – funktionierende Modelle. Schwalbach/Ts: Debus Pädagogik Verlag, 2014.

Stark Verlag: AbiturSkript Erziehungswissenschaft. Abi NRW 2017. Stark Verlag GmbH, 2016.

URL: Rhythmisierung 2014: http://www.ganztaegig-lernen.de/rhythmisierung Zugriff am 31.07.2018 um 13:00 Uhr

BEI GRIN MACHT SICH IHR WISSEN BEZAHLT

- Wir veröffentlichen Ihre Hausarbeit,
  Bachelor- und Masterarbeit

- Ihr eigenes eBook und Buch -
  weltweit in allen wichtigen Shops

- Verdienen Sie an jedem Verkauf

Jetzt bei www.GRIN.com hochladen und kostenlos publizieren

Der Aufbau von Ganztagsschulen ist in den letzten Jahren stark gestiegen, sodass die Auseinandersetzung mit dieser Thematik immer weiter in den Vordergrund gerückt ist. Im Zuge dessen hat auch die Bedeutung der sogenannten Rhythmisierung zugenommen, sodass dieser Aspekt in dieser Arbeit thematisiert werden soll. Dabei wird so vorgegangen, dass zunächst grundlegende Begriffe wie Rhythmen und Takt definiert werden, um anschließend den Ausdruck Rhythmisierung zu bestimmen. (...)

Dokument Nr. V1165622
https://www.grin.com
ISBN 9783346574923

9 783346 574923

Akinmayowa Adedoyin Shobo

Substance Use in Nigeria

Seminar paper